AF290536

impressum:

oliver seiffert: aus haut wird leder

copyright 2015 oliver seiffert

erschienen bei tubuk digital

tubuk digital ist ein imprint der open publishing rights gmbh

alle rechte vorbehalten.

das werk darf -auch teilweise- nur mit erlaubnis des verlags

wiedergegeben werden.

covergestaltung: franziskus nakajima

e-book-herstellung: open publishing gmbh,

www.openpublishing.com

isbn: 978-3-95595-056-9

besuchen sie uns im internet: www.tubuk-digital.de

aus   haut   wird   leder

I/

~ süden ~

süden
richtung süden
wo faule früchte
auf den bäumen wachsen
süden
die küste hinab bis nach d
offene fenster und die nase im wind
lachend
denn das lachen kühlt die wut

weiße dörfer und zypressen
hunde die im müll stöbern
eine alte frau zieht einen esel
sinnloses telefonat am straßenrand
und ein unbegonnener brief
blick hinaus in fliehende öde
schweigen wie ein vorwurf
kopf und qual

wir kommen an   wollen nicht bleiben
suchen   und finden doch nicht
das leben ist anderswo

nachts in einer bar auf pfählen
ein gewitter über dem meer
sprachlose zeugen am ufer des glücks
von einer woge ergriffen
die wahr wie eine ahnung
und warm wie schmerz
einer formel gleich
so klar und greifbar nah

morgens in einer entlegenen bucht
inseln im dunstlicht
ein paradies besoffen von kraft
schönheit die wie hohn in alle schatten fällt
und ein fremder
schaut der welt ins herz
und fühlt
nichts

aufwachen mit den wellen
streichholz und gaskocher   kaffee türkisch
mit der gitarre auf dem steg
barfuß zur dusche   münzeinwurf
kühlwasser nachfüllen   tabak
rezeption   *do videnja*

wir fahren weiter
zwei stunden noch bis zur herrlichen stadt d

II/

~ sheriff teddy bar ~

die barfrau steht am tresen und raucht wie eine französin
ihre langeweile ein manifest
bauchfrei trägt sie heut   schön ist sie und weiß es
sie drückt die halbe kippe aus
und lächelt als wärs eine gnade
ein böse woche ist vorüber
und mein gemüt   ein offenstehendes maul

blecherner sound springt die gäste an
als ein nie gehörter song erklingt
unter hohen decken steht der ventilator still
frauenlachen rieselt vom nebentisch herüber
ihre gesichter wie rettende lichter
die eine mag mich   die andere will ich
die alte geschichte

drüben auf seinem hocker sitzt der sänger
einer der nicht älter wird
ein schauspieler der durchs leben spaziert
sein blick ertrinkt in der beschlagenen scheibe
in zigarettendünnen fingern hält er
ein megaphon
die band wird gleich kommen   oder nicht

in der dunklen ecke
stecken verschwörer die köpfe zusammen
besingen die misere mit hellen augen
wie kinder die am globus stehen
und von fernen ländern reden
kalte füße und zugezogene mäntel
ankömmlinge im transitland
verloren auf der suche nach dem besten leben
und wie treibholz irgendwo angeschwemmt
und irgendwo ist hier

an zerrissenen wänden
huschen die schatten wirrer ideen
die morgen schon wieder vergessen sind

dreckiger sound läuft in der sheriff teddy bar
und als der zahnlose zeitungsverkäufer
die tür aufstößt
zieht eine wolke aus krach und rauch
hinaus zu den taxis
hinaus auf die von kötern verschissene
und von scherben übersäte straße
hinaus in die nacht und den regen
der kein ende nimmt

III/

~ mein zimmer ~

hier ist dein zimmer
sagt der mann in der offenen tür
und ich erschrecke

das zimmer ist eng
kein fenster nach draußen
eine glühbirne wirft mit kaltem licht
die luft ist alt
und die wände sind kahl

gib mir ein anderes zimmer   sage ich

das geht nicht sagt er
dies ist dein zimmer
da hat man keine wahl

dann ist er weg und
als eine minute ohne regung vorüber
geh ich zum bett und setze mich
mit schwerem kopf
hängenden schultern
aber erlöst
endlich allein

ich lege mich hin
und schlage das buch auf
und beginne zu lesen
bei seite eins

„ich wohne in der villa borghese
…“

IV/

~ aus haut wird leder ~

du musst nichts bedauern
und nichts erklären
du hast es gesagt
es getan
und mit wucht wird es
auf dich zurückprallen
das ist ein prinzip

und wenn du das erträgst
und wenn aus haut bald leder wird
und auf dem leder
ein dickes fell wächst

dann ist es gut
dann hast du alles richtig gemacht
dann lass sie reden
auch wenn es dir nicht gefällt

V/

~ kennst du mich noch? ~

ich liege in der sonne
auf der terrasse vor dem haus
vor mir der garten
farben die das auge erschlagen
und darüber   wie eine welle die bricht
der rand des waldes

windstille
und nicht eine wolke am himmel
über diesem ort
an dem die erde anders riecht
und jeder weg eine geschichte erzählt

ich gehe hinaus in einen morgen
aus licht und wärme
und oben am ende unserer straße
öffnet sich schon das land

*halbdunkel und staub   geruch von hitze   ein strahl fällt
schräg und wie ein feind durch den spalt   ich klettere die
leiter hinauf zum heuboden   springe hinunter auf die
strohballen   dieses gefühl im bauch   lachen und husten
du bist dran!*

der augustwind fließt in wogen durchs tal
die schlangen schlafen noch
im schilfgras der wiesen
die brücke über den bach
nun wird es steil

grüne hügel   kornfelder wie meere
das lachen der sonnenblumen
roter mohn und brennnesseln am wegrand
ich habe kein ziel nur die leere
die leere in der erschöpfung
das weiße rauschen der stille
wenn aller ruf und reiz verstummt

*ein großer stein markiert die stelle   aber das ist ein
geheimnis! über totholz steigen wir im waldschatten hinab
da vorne ist es! einmal mit dem kescher tief durchs wasser
schwarz und schwer zappeln sie im netz   wieviele das wohl
sind?*

schweiß
salz brennt in den augen
harzduft dringt durch alle körperzellen
ich dämmere im gleichtakt der schritte
der geist ein boot das sich vom ufer löst
drängen und weichen
und übergang zu übergang
unschärfe unter einer trüben linse
man vergisst nicht
und alles kehrt zurück

ein ausgestorbenes dorf
hier wohnte einmal ein freund
heruntergelassene rollläden
und wäsche auf leinen
und keine menschenseele
nur ein hund
der hinterm zaun folgt

am ortsausgang die straße nach g
von hier führt ein weg hinauf
der hart ist wie getrockneter lehm
metallen zirpen die grillen
die sonne brennt auf meinen schädel
und alles ist klang farbe duft
und ich weiß
ich kenne diesen weg

wir haben holz gesammelt   p macht feuer   sein lachen leicht wie ein tag am see   hinter der hütte dröhnt der generator   wir sitzen im kreis um die feuerstelle   rauchen und trinken   klopfen sprüche   ein wagen kommt an türen schlagen   wer?

musik   mädchen   das gelächter von rivalen   unschuld des verrats   schnaps geht herum   über der glut schlagen funken in die höhe   zerplatzen in der nacht   ein angeber redet daher   die neider glauben ihm kein wort   ich will ihn schlagen   ihn beleidigen   bin von dummer wut erfüllt der schmerz ertrinkt im rausch

in schlafsäcken unterm dach   wird schon hell   bald ist die
schule vorüber   und das leben beginnt   morgen   morgen
ist der erste tag   bestimmt   freunde und schwüre   p wird
einmal ein glücklicher mensch sein

wie oft bin ich hier gewesen
kein junge mehr und noch längst kein mann
wie lange her und wie nahe jetzt
die zeit wird zerrissen von der erinnerung
und ich fühle
fühle mein junges herz noch einmal schlagen
und dann

eine kluft
die empfindung des restes
das gewicht eines berges

ich habe einmal ein lied geschrieben
es beginnt so
out there in those woods
i walk on moist earth
i know each path here
and each time i come back it hurts
do you still know me   home?
no i'm no stranger

VI/

~ lügen ~

meine lügen haben keinen sinn

meine lügen haben keinen zweck

meine lügen sind lügen und

sie führen mich hinters licht

auf keinem lügenschiff werde ich je

in den sicheren hafen einfahren

VII/

~ die kurze geschichte von g ~

g rief *bleib locker alter.* aber ich war nicht locker. hatte eine scheißangst. lag kopfüber halb in einem bachbett. *was war das? was hab ich da geraucht?* ich lag reglos. mein herz raste. ich hatte angst zu sterben. und er lachte drüber.

g ging dann einfach weg und ließ mich liegen. wälzte seinen fetten körper hinüber zur hütte. zu den trinkspielen und dem lachen der anderen. zu seinen krassen kumpels und dem mund seiner viel zu jungen freundin.

lichter zogen wie schlieren durch die nacht. ich sah alle nuancen von grün. formen schoben sich ineinander übereinander. lösten sich auf und entsprangen neu. ich wurde ruhiger. ließ mich treiben in der strömung. schlief bald ein.

wachte auf und lebte noch. der bach plätscherte. ein käfer mit schwarzem geweih lief mir über den arm. licht brach grell durchs blätterwerk. ein wunderschöner morgen. ich fuhr mit dem bus nach haus. meine eltern merkten nichts.

sich auf menschen zu setzen und zu furzen: das war g. einen aus langeweile zu packen und zu prügeln: das war g. wenn er fertig war ließ er einen fallen. ging weg als hätte er einen vergessen.

schwimmunterricht. griff *von hinten in die eier.*
fallen liegen stöhnen. geruch von chlor. hall.
durch die flure schleichen. um jede ecke spähen. angst.
sommer im freibad. g ertränkt beinah den schwulen
französischlehrer. konferenz und beschluss: g fliegt von der
schule. was war ich froh. g war der teufel meiner pubertät.

achtzehn jahre. langes haar. gitarrenkoffer. ich wechselte auf
die schule in der stadt. erster tag. neue klasse. g.
hochgezogene augenbrauen. ich fuhr ihn später nach haus.
schlag auf den schenkel. *hast dich gemacht!* wir wurden
freunde. abitur. parties. gras. eine neue clique. eine
hübsche freundin. die schönste zeit meines lebens.

g hatte mit acht zu rauchen begonnen. g hatte ein
marihuanafeld oben auf dem hügel. g konnte saufen wie ein
loch. wenn einer voll war zog g ihn aus und legte ihn auf
autodächer. wenn einer voll war kippte g ihm schnaps nach.
g läuft amok hieß es dann. *dampfwalze* wurde er genannt.

eines nachts: alkoholkontrolle. g verlor den führerschein.
verkaufte seinen wagen und besorgte sich vom geld drogen.
g stürzte ab und kam in therapie. der psychiater erteilte g die
absolution. erklärte g weshalb er immer diese dinge tat. und
g erklärte es mir. worte. entzug. rückfall.

g wurde wieder vermisst. hatte den weinkeller der eltern
leergesoffen. die flaschen mit wasser wiederaufgefüllt. *sauber
verkorkt.* g war ihr einziges kind. ein gebrochener vater.
eine hübsche mutter. ein auftrag.
ich ging g in der stadt suchen. junkies lungerten auf bänken.
gesichter wechselten die farbe beim klang seines namens.
sinnlose gefahr. er tauchte wieder auf.
reue? *alles ein teil von mir. meine geschichte. ich.*
keiner sprach mehr gut über g.

telefon. *wo?* autoschlüssel. g irgendwo abholen. ihn irgendwo
hinbringen. geld? *hab ich keins.* vorwürfe. lügen. ton eines
siegers. larve im hirn.

klopfen am fenster. g. er ist auf einem trip.
später als das licht aus ist lallt er: *weißt du noch?*
ich will es nicht wissen.
wie ich dich geschlagen hab? wie ein baby...
dreckiges lachen. ja. sein letzter freund erinnert sich.
g schläft ein. er stinkt.
mein gott wie er stinkt.

wochen. monate. kein anruf. kein besuch. stille. stumpfes
gewissen. hoffen auf das schlimmste.
auf einer weihnachtsfeier fragt einer: *hast du gehört?*
rüber zur cocktailbar. tiefes glas.

einleitung hauptteil schluss. so schreibt man einen aufsatz. das haben wir in der schule gelernt.

in der einleitung war ich opfer. im hauptteil freund. beides sind ungünstige blickwinkel. nur die hülle habe ich gesehen. der kern blieb mir verborgen.

über den schluss der geschichte von g hingegen weiß ich nichts und wollte nie etwas wissen. hier bin ich keiner wahrheit verpflichtet. und so kann ich das ende von g erzählen wie ich es mir gewünscht hätte.

folgendes geschieht in dieser nacht:

g hat sich einiges eingeworfen. er will noch was erleben. steigt in den wagen seines vaters und brettert übers land. die musik laut aufgedreht. hinter einer kurve führt die straße in den wald. ein auto kommt entgegen und blendet ab. ein funke nur. doch er brennt sich g ins hirn. und es ist so einfach. g löst den gurt. dann beschleunigt er voll. dreht das licht ab. und nimmt die hände vom lenkrad.

dampfwalze.

VIII/

~ nachtland ~

stille im wald
nur der klang von trockenem holz
das unter schritten bricht
und das knirschen des laubes
sonst nichts
nicht ein windhauch
und über uns die wipfel der kiefern
wie wolken in der klaren nacht

weißt du noch den weg?
fragt d
wir sind gleich da
nicht mehr weit

sandboden
nadelduft wie eine ankündigung
hinauf zur ziegelsteinmauer
und von hier
führt ein wall hinaus
wie ein steg zwischen den gräben
deren erde sauer noch
vom rost der projektile

hier ist es

vor uns öffnet sich eine fläche
grau schimmernd im schwarz
der alte schießplatz der russen

d zieht den wein aus der jacke
ich die gläser
wir schenken uns ein und trinken
vor der bühne des nachtlandes

und nichts ist zwischen uns
und dem himmel
und der ewigkeit
hier stehen wir
und blicken in das wunder
in die antwort ohne frage
die erkenntnis ohne gedanke
den sinn ohne grund

und keiner sagt ein wort

IX/

~ tänzer der den halt verliert ~

licht. die stille einer prozession. nur das leise tappen der schritte. alle blicke bündeln sich in seiner gestalt. das publikum folgt gebannt dem meister der schwere. lange hat es gewartet. und nun schaut es blind mit offenen augen und zieht den trug der wahrheit vor. denn etwas ist anders heut abend.

im cafe feiern sie wieder. die aufführung war *fa-mos.* ovationen. bonmots. seine hände wie vögel. *wahr ist was man glaubt* sagt er gern. *die rolle: sie lässt mich bleiben wie ich nicht bin.* dies ist die bühne nach der bühne und ach wie er sie liebt. letzte runde. dann schwankt der tänzer durch dunkle straßen nach haus. *ich bin ein stern und ihr seid die nacht und alles ist staffage* singt er leise vor sich hin.

er stürzt. lange sieht ihn keiner. dunkle tage hinter verschlossenen jalousien. die nacht mit ihren gesichtern. der tänzer ist in heillosem selbstgespräch verfangen. stellt fragen die vergiftet sind. antwortet mit verbrannter erde.
eine stimme flüstert ihm zu. *du bist ein nichts und ein niemand. hast dich jenen unterworfen die zu überragen es doch galt.* er nennt sie *die zweite stimme.*

er trinkt bis früh allein mit seinem feind. eine lust zieht ihn immer tiefer hinab. nun denkt er *wahr ist was man fühlt.* auf papier kritzelt er *ein baum der keine früchte mehr trägt.*
doch die knochen heilen wieder. *reifer geworden* sagt er im cafe. tiefer zug an der zigarette wie zum eid. *ich war tot und jetzt leb ich wieder.*

etwas ist anders heut abend. *wo ist der rausch? das uferlose glück?* der tänzer müht sich. er redet auf sich ein: *ich bin ein stern...* doch die verwandlung gelingt ihm nicht. und ihm wird klar: er glaubt sich selbst nicht mehr.
und zum ersten mal schaut der tänzer hinter das licht. schaut in tausend gesichter wie in eines. in tausend hirne wie in eines. *tanze!* denkt das hirn. *schenk mir etwas freude. morgen hab ich dich wieder vergessen.*
in einer sekunde so schwer wie ein leben begreift er: dass *deren* liebe keine liebe ist. und seine liebe nur eine aufgehaltene hand. dass *jenen* eine hülle ohne kern genügt. und dass er nur ein gefäß verhungerter träume ist.
alles hat er ausgelöscht: *jene* in der verachtung. sich selbst im hochmut. nichts bleibt da übrig. nichts.
und nun befiehlt die zweite stimme zu zerstören. und er gehorcht. er denkt noch *ihr bekommt euer finale!* dann nimmt er alle kraft zusammen und setzt an.
ein schrei zerreißt die stille. der tänzer ist wieder gestürzt. da liegt er. gebrochen. und als die ersten gerannt kommen: da lächelt er nur schräg und denkt daran was die zeitungen morgen wohl schreiben werden. und da regt sich noch einmal toter stolz in ihm.

X/

~ neben der spur ~

so viele jahre sind zerronnen
und manches glück hat er verschmäht
leere hände schauen ihn an
und er nährt sich
nur von resten noch

das weiß er und geht doch aufrecht weiter

in zahnlosen märchen
erzählten die alten so gern
von einem blühenden land
männer die mit steinen auf berge warfen
und frauen die sich selbst genug
die sagten
wenn du an den honig willst
vergiss die bienen nicht

er glaubte ihnen kein wort
doch war es tief
in seine erde gepflanzt

zum leben zu dumm und zu klug
so wälzt er sich durch die
wachen nächte müder tage
redet vor sich hin so dass die
stille ihn nicht durchschaut

er der den weg kennt
aber nicht den ausweg
er der den umkehrpunkt
doch längst hat versäumt
der noch hofft auf den wandel
zugleich fürchtet dass
alles so bleibt

das leben ist eine kurze spanne
zwischen tod und tod

das weiß er und geht doch aufrecht weiter

gebt mir ein kamel und ein nadelöhr
sagt er
wird schon irgendwie gehen

berlin   27. september

ein sonniger tag.

~ ende ~

astrid.
daniel.
franziskus.
gunther.
katja.
martijn.
liebe eltern.

mein dank an euch
für die hilfe und geduld!